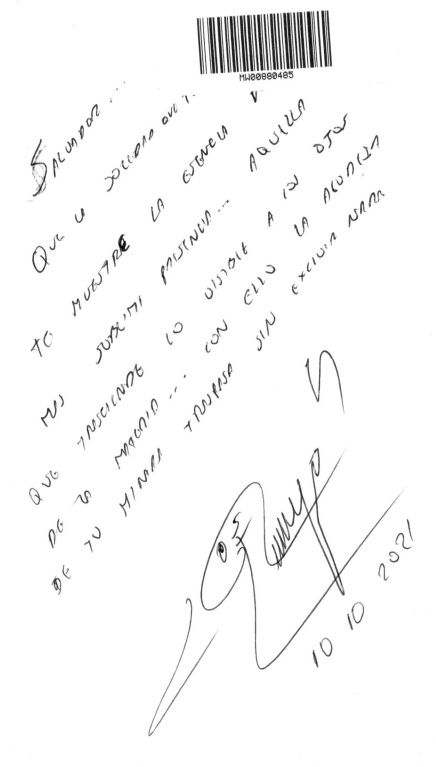

Salvador...

Que la soledad que t... v

To muestre la esencia aquella

mi sublimi presencia... a la otra

que trasciende lo visible a la alturia

de tu mirada... con ello la alcuncia

de tu mirada transpasa sin exclusir nada

10 10 2021

Autor: Ramiro Serna.

Título de la obra: *Lo-Cura Reflexion-Ando. Reflexiones breves para el despertar de la consciencia*

Número de páginas: 158

ISBN-13: 978-1543035773

ISBN-10: 1543035779

Género: Reflexiones, crecimiento personal.

Año de Publicación: 2017.

© **Del texto del libro:** El autor.

Edición y diagramación: Massiel Alvarez y Juan Navidad
NobelEditores.com
www.laovejitaebooks.com

Ramiro Serna

Lo-Cura
Reflexion-Ando

La Ovejita de papel
www.laovejitaebooks.com

PRÓLOGO

Hay muchas formas de expresar lo que uno siente, una de ellas es escribir. Fernando González, el filósofo antioqueño, consignaba en pequeñas libretas sus inspiraciones; sabía que las musas no tienen horarios fijos y suelen visitarnos en los momentos más inesperados.

El Viejo Luis, mi guía y maestro, admirador del filósofo de "Otra Parte" como le decían a González, también tenía ese hábito; yo igual, siempre llevo conmigo una pequeña libreta a modo de red, para capturar el polvo dorado de la sabiduría que las musas sueltan al pasar.

Ramiro Serna, a quien conozco muy bien por su incansable deseo de vivir y de saber lo vivido, obra igual que estos maestros. Captura cuando se puede, la lluvia de oro del conocimiento que se vierte sobre nosotros cuando atisbamos; cuando nos damos cuenta que la vida es poesía; cuando abrimos los ojos, no los ojos externos sino los ojos del alma.

Ese es el oficio de un atisbador, que Ramiro nos muestra con generosidad en cada momento de este texto; que debo decir, tiene la característica de aquellas obras que nos hablan siempre. Puedes abrirla en cualquier parte y sorprenderte al encontrarte a ti mismo con lo-cura reflexion-ando.

En un lenguaje sencillo, sin pre-tensiones, Ramiro, nos conduce de momento a momento para encontrarnos con todo aquello que cada ser humano debe mirar: su "propio" interior. Ese "propio" que se topa con los acontecimientos de la vida, con las situaciones, que viéndolas con el ojo de alma, nos acercan a la visión del que quiere encontrar la luz en su propia vida y en la necesaria interacción con el mundo.

Pero encontrar esa luz no es para nada algo sencillo. Fernando González, le llamaba "la presencia". Ese excepcional estado de conciencia que nos visita, no por poseer un carácter científico ni por realizar un esfuerzo académico, sino por el esfuerzo de estar consciente en el acto de vivir, por el hecho de haber transitado desiertos, de haber ascendido cumbres y cruzado las noches oscuras del alma.

En el recorrido de este texto usted encontrará, querido lector, al padre que quiere ser consciente para sus hijos, al psicólogo que habla con experiencia a sus pacientes, al hombre que reflexiona y se conmueve ante las mareas del amor y de las pasiones, por lo tanto, al poeta. En fin, al ser humano que intentando ser consciente, se hace presente y nos enriquece con las reflexiones alcanzadas en los momentos luminosos de su alma. Un ejercicio, que si todos lo intentáramos, nos daría un mundo mejor, más consciente, más auténtico y más amo-roso.

Esa es la invitación que parece hacernos el autor al leerlo. Yo, personalmente lo invito, estimado lector, para que se enfrente y se conmueva ante los hechos de la vida, que vistos al estilo de Ramiro Serna, nos retan a ver, con los ojos del alma.

César Augusto Hernández G.

Psicólogo Clínico
Terapias Holísticas y Psicosomáticas

Medellín, Febrero de 2017.

AGRADECIMIENTOS

A mi madre, a mi padre, hermana y hermanos, raíces filosóficas naturales, donde mis primeros cuestiona-mientos cobraron vida expansiva y hambre de libertad sin límites.

A mis profesores y maestros de vida... de eternidades latentes en sus miradas, en sus aulas, en sus silencios y en sus palabras.

A mis hijas, maestras para el amor femenino. Lina y Nataly, cómo no reconocer sus voces de niñas, si aún retumban en mi corazón, como recuperación de la dignidad femenina que me habitaba y tanto desconocía.

A Daniel, amado hijo, principio de una nueva vida, arrojado al uni-verso, con la fuerza infinita de la naturaleza. Como alfombra diamantina caída del cielo, se cubrió de blanco, tu camino de llegada, proclamando la pureza, de tu primera mirada sobre esta tierra.

A mis consultantes, que más que traer historias a mis oídos, desnudaron su alma para invitarme a reflexionar sobre la vida.

A Massiel Alvarez, en su disposición para revisar mi intención de publicar este, mi primer libro.

A mi amada Rejane Dos Santos, encantadora mujer y esposa, por nuestras eternas tertulias y vivencias. En la construcción de nuestros vínculos de pareja, logramos encontrar múltiples formas de amarnos, y de alguna manera, procrear este libro.

Ramiro Serna

Lo-Cura
Reflexion-Ando

Reflexiones breves para el despertar de la consciencia

ÍNDICE

Prólogo 5
Agradecimientos 9

Carta a mi hijo y a todos los hijos 17
Al estilo Serna 18
Evocando a mis locos sabios 19
Huellas conscientes 20
El tiempo y sus paradojas 21
Creo en la recreación 22
Fidelidad a mí mismo 23
Esencia de la in-decencia 24
Juzgar como virtud 25
Cre-activos 26
Disciplina consagrada 27
Liberando prision-eros 28
No soy evolucionado 29
Acompañar para desempañar 30
Un varón atrevido 31
Rumi-ando el amor 32
Fluir existencial 33
Reflexión del observador 34
Soñar no es coincidencia 35
El loco que lo-cura 36
Haz la paz 38
Saludo respetuoso a la prudencia 39
Una vida con-sentido 40
¿Sexualidad general o generosa? 41
Yo crezco, tú creces, nadie decrece 42
Luces-consciencia-acción 43
Una respuesta bondadosa 44
Inventario de saberes 45
De que puedes, puedes 46
Cuestiones del proceder 47
La lealtad sea contigo... 48
¿De quién es el mundo? 49

Calendario de emociones 50
Reconocer las diferencias 51
En compañía de mi soledad 52
Acertijo de la dualidad 53
Dimensiones desconocidas 54
Se busca alguien a quien culpar 55
Quiero casarme conmigo 56
Agradezco la elección 57
Cura afectiva y efectiva 58
Un corazón real-izado 59
Filosofía del silencio 60
Da miedo, tener miedo 61
La paz – ciencia humana 62
A tu propio ritmo 63
Dese-ando cumplir tus deseos 64
Planes in-sospechados 65
Juntos, pero no revueltos 66
Te amo aunque no te necesite 67
Filosofa-ando y los pasos contando 68
No espacio – no tiempo 69
Amores in-separables 70
Verdades que hablan 71
Habita tu templo 72
Rebelde con causa 73
Equivóquenme si me corrijo 74
Brujas voladoras 75
No te abandones 76
Que valga el riesgo, no la pena 77
Tu – mejor compañía 78
Rebeldía o revelación 79
Amor correspondido 80
El amor como testigo 81
Reconociendo mis valores 82
La grandeza de ser ella 83
Puntos cardinales 84
Agradezco la diferencia 85
¿Sabía usted? Que... 86
Viaje expreso a la luna 87
Des-nuda tu femenino 88

El poder de decidir 89
Lo-cura de vivir 90
Trincheras que hacen eco 91
Me amo y te amo 92
Amor – es 93
Materia polvorienta 95
De la verdad a la libertad 96
Consciencia generacional 97
La promesa del engaño 98
Equivalencias reales 99
El que busca, encuentra 100
Todo está en ti mismo 101
Lo femenino de un varón 102
Responsa-habilidad 103
Libertad expansiva 104
Fecundación creativa 105
Materia-humano-espiritual 106
Dulce desvelo 107
Re-presión 108
Tiempos espaciales 109
Misioneras maternas 110
Sin orden específico 111
Mundo de vanas repeticiones 112
El ardor de la in-congruencia 113
Un voto de consciencia 114
Filosofando-me 115
In-geniería del alma 116
Descubrimiento esencial 117
Pensar dignamente 118
Creencias vanas 119
No me perteneces 120
Crea-actividad 121
Un amor sin miedo 122
El jardín de la prosperidad 123
Metodología táctica 124
Jugando a las escondidas 125
Duelo fugaz 126
Educa-ando 127
La doble moral del macho 128

Intensificando las intenciones 130
Alerta máxima 131
Materialidad digna 132
Qué pereza la pobreza 133
Ni miedosa ni machista 135
¡Que viva el rey! 137
Cuestionamiento inevitable 138
El valor de ser hombre 139
También se vale ser trovador 140
Un varón que se respeta 141
Coherencia a primera vista 142
Las caras más-caras 143
Sabiduría cotidiana 144
Actitud positiva 145
Grito de libertad 146
El des-orden 147
¿Tú qué tomas? 148
No es lo mismo 149
Todo y nada 150
Frente a frente 151
Divina feminidad 152
Inversores de valor 153
Eres luz en el camino 154

El autor 155

CARTA A MI HIJO Y A TODOS LOS HIJOS

Daniel, hijo de mi vida y del destino,

cuando el nido en el que vives te quede estrecho y tus alas quieras desplegar, no dudes en arrojarte al vacío, porque seguro, ya puedes volar.

Yo, tu padre, contemplaré ese vuelo, animándote a que alcances cada vez más libertad.

Te daré buen ejemplo, amándome y amándote con respeto y dignidad.

Explorarás el camino, o el cielo por ti elegido.

Son tus pasos, es tu aleteo el que importa, más que lo que piensen todos los demás, yo incluido.

Amar y ser amado, respetar y ser respetado, fundamenta la autoestima, la paz y felicidad.

El vivir en la verdad de la congruencia, ha sido mi búsqueda.

En esa verdad que no es relativa, ya que para mí el amor, es la ciencia de la coherencia de la vida.

Vivirás para ser tú, uno con tu esencia.

Con la frente en alto no por orgullo, sino por pura dignidad y humildad.

CON AMOR,

TU PADRE.

AL ESTILO SERNA

REFLEXION-ANDO en mi LO-CURA

y empuñando mi diablura, diluyo mi amargura.

Con mi alma de niño, me entrego con cariño

y despierto con el ímpetu de mi libertad segura.

EVOCANDO A MIS LOCOS SABIOS

Cuando niveles elevados de consciencia acompañan tu proceder y buscas bondadosamente real-izar tu ser. La plenitud en tu vida no tarda en aparecer.

Descubres que tú historia personal, por dolorosa que haya sido, tenía un profundo y noble sentido, siempre expansivo.

Descubres además, que los horizontes no tienen norte y como dice Facundo, ante la redondez del mundo, ningún caminante va adelante. Es solo trampa de percepción.

Muchos, frente a su propia tumba, comprenden que todo era ilusión y que la muerte, no tiene distinción.

Ves entonces que de los puntos cardinales, como afirman los toltecas, el más importante es el que cada instante, pisa el caminante. Es decir, el propio centro que consciente o no, es donde siempre me encuentro, ya sea la selva, el mar, o el desierto. En mí mismo está el maestro.

El maestro que quiere verte atento y despierto.

HUELLAS CONSCIENTES

Para mí, exigencia es excelencia; no obligación, ni insana competencia.

Cada día quiero ser mejor; no mejor que otros. Quiero mañana ser mejor de lo que soy hoy.

El mundo es redondo y la consciencia se expande en toda dirección, nadie decrece y de mi dolor aprendo.

Entrego y recibo rosas con espinas, corazón con cicatrices, corazón con heridas, sano yo.

En mi vulnerabilidad, me arriesgo, miro horizontes lejanos, en el universo vuelo y vivo yo.

Pasajero de mi existencia, quiero dejar huella, con todo mi amor.

Esa es mi más elevada misión.

EL TIEMPO Y SUS PARADOJAS

Cuando las corrientes existenciales, en sus manifestaciones fluyentes de entramados inesperados e insospechados, nos confrontan con la vida.

Cuando aceptamos que son consecuencia de un campo sin un orden claro en el tiempo lineal cronológico, aunque paradójico.

Podemos ver anticipadamente, que el hoy, es consecuencia del futuro. Es como una cuerda arrojada, para sacarnos del atolladero que creíamos un descuido del pasado.

Comprendemos que todo es para bien. Así, nos acompaña una divina indiferencia, asumiendo una responsabilidad basada en la humilde compasión del que todo lo acepta, siendo proactivos, sin querer controlar nada.

CREO EN LA RECREACIÓN

El hombre y la mujer creativos ven soluciones donde otros ven problemas. Comprenden que sus "dioses y diosas" internos, son como luceros, como linternas, para iluminar su camino, para transformar su destino.

Para el hombre y la mujer creativos la destrucción no es su sino. Si hay que destruir, lo hacen con tino, con el cuidado de un ser fino; aunque causando dolor, saben que dejar con amor, es la mejor opción cuando el ciclo se cumplió.

El hombre y la mujer creativos, comprenden que crear y re-crear es construir puentes con amor. En ellos habita siempre la bondad

El hombre y la mujer creativos, viven en paz y hacen del amor una cotidianidad.

FIDELIDAD A MÍ MISMO

Por consciencia, amo la fidelidad, no en un sentido moralista, sino por su sentido etimológico de profundidad. Amo la fidelidad que se fundamenta en obrar de buena fe, como principio de transparencia y bondad.

Es buscar hacer el bien, primero a mí mismo, sin hacer daño a los demás. No es ser estúpido dejándome pisotear; es con respeto y reverencia, ir renunciando a lo(s) que me hace(n) mal. Por consciencia, amo la fidelidad, es el mejor legado que dejo a mis hijas, a mi hijo y a mis nietos. Es autoestima a cabalidad. En mi imperfección y en las imperfecciones de los otros, se abre el camino para redirigir mi pensar, sentir, decir y actuar.

Veo que hoy, puedo ser más fiel que ayer. Esta es a mi manera de ver, el camino de evolución y libertad. Es trascender los duros golpes del pasado; los recibidos y los dados. El perdón no es ir buscando culpables, ni auto culparme. Eso es flagelación.

Aprendiendo voy por el mundo, del ser humano y su acción.

ESENCIA DE LA IN-DECENCIA

Por evitar un dolor, muchas veces causamos daño.

Suele suceder cuando por mantener una apariencia, diluimos nuestra transparencia, ocultando lo que por creencias vemos como indecencias.

Tabúes absurdos donde un beso o una caricia se miran con malicia.

Se le oculta incluso a los hijos, la belleza de un amor sincero y después nos sorprende el oculta-miento, de aquellos que sentíamos, que con nosotros eran auténticos.

JUZGAR COMO VIRTUD

El ser humano por su capacidad de reflexionar es juicioso por naturaleza, sabe discernir y por ello decidir más allá del instinto.

Pre-juzgar es emitir conceptos, condenas o sentencias antes del juicio reflexivo. Eso nos encadena.

Generalmente, por dogmas o creencias, que aceptamos como verdades incuestionables, se limita nuestra libertad y nos impide ir más lejos de lo que nos quisieron inculcar.

Acepto en mí, que es más en mi historia que quiero hoy esculcar, y mi voz interna escuchar.

Ella sin lugar a dudas revela mi identidad.

CRE-ACTIVOS

El verdadero poder gran-dioso del hombre y/o la mujer, radica en la habilidad para ser creativos.

Cualquier intensión de destrucción, incluso en nombre de la creatividad misma, es una autoeliminación individual y/o colectiva.

Es importante en este punto, saber distinguir entre la destrucción y la de-construcción. Con esta última se logran rescatar elementos de lo de-construido para re-construir un nuevo horizonte.

DISCIPLINA CONSAGRADA

La disciplina y el compromiso, no son cuestión de obligación.

La disciplina y el compromiso son una consecuencia del amor.

Amor por lo que eres, amor por lo que haces.

De ahí nace la poesía en tus labios, en tu danza existencial.

Te vuelves un artista con-sagrado a tu misión y vocación. Disfrutar de tu talento y deambular por el mundo, no es un triste cuento; es entusiasmo, es con-pasión y vibras en tu acción.

Amas libremente, siendo respetuoso de ti mismo y de un otro que abrió su corazón.

De nadie tienes que esconderte, porque el miedo desaparece y el miedo, es el opuesto del amor.

LIBERANDO PRISION-EROS

Varón, deja que la fuerza oceánica de la mujer que fluye por tus venas, emerja en las saladas olas lacrimales. En esa playa que son tus mejillas, alma que son tus ojos reveladores de un sentir negado.

Por los siglos de opresión deformante y realidades escondidas, bajo la dermis que te cobija. Tus emociones dulces, serenas y apaciblemente amorosas, como la luna que también te habita; son un caudal de bendiciones, para enriquecer la paz de este mundo.

Mujer, hembra, deja que fluya en ti, a través de tus poros, palabras y acciones, el fuego eterno del sol que hace erupción en tus entrañas.

Que la decisión y la pro-acción, no te sea esquiva. Que el poder de tu pisada, deje huella profunda. Que al emprender tus nuevos caminos, el cielo de la libertad sea tu destino.

Vive en eros, porque eros, es el fuego de los pion-eros y de los que no quieren ser, de otros prisión-eros.

NO SOY EVOLUCIONADO

Si ser evolucionado es andar por el mundo sin un compromiso por la vida y el amor, entonces yo no soy evolucionado.

Si ser evolucionado es ir despertando afectos románticos donde fingiendo amor estoy, entonces yo no soy evolucionado.

Si ser evolucionado y en nombre de la libertad, pisoteo a mi amigo, mi vecino y hasta al mendigo, entonces yo no soy evolucionado.

Si ser evolucionado es ser ajeno a una responsabilidad conmigo y los demás, entonces yo no soy evolucionado.

ACOMPAÑAR PARA DESEMPAÑAR

Acompañarte de manera significativa en tu existir, joven amigo, hija, hijastro, sobrina, estudiante, paz-siente o como te llames; no es otra cosa que recorrer contigo otros caminos.

Tal vez, es trazar senderos insospechados, sólo con el ánimo de que descubras tus talentos, tus sueños y tu destino.

No es imponerte mis creencias porque sí. Es cuestión-arte de tal manera que dudes de lo que ven tus ojos, porque siempre hay algo más allá que escapa a la mirada trivial del diario vivir.

En-amor-arte entonces, de lo que corresponde como sinfonía de vida.

Esto nos enseña a aceptarnos, preguntarnos o cuestionarnos, porque en las posibles respuestas, se abren las puertas a la trascendencia y así podemos ir más allá, de donde nos dejaron, o nos quedamos perdidos en el camino.

UN VARÓN ATREVIDO

Atrévete...
Cuando los varones nos atrevemos a amar, sabemos desde el corazón el cuerpo entregar...

Cuando los varones nos atrevemos a amar, soltamos las armas para poder otra piel acariciar.

Cuando los hombres sabemos amar, reconocemos en el verbo, el valor de la dignidad y en el eros, el principio de la vitalidad.

Cuando los varones sabemos amar, decimos la verdad, en el calor de un suspiro y en la contundencia de una mirada, sin engañar.

Cuando los varones soltamos los miedos principalmente el miedo a amar; abrimos el pecho y lágrimas por las mejillas, sin vergüenza, dejamos rodar.

Comprendemos el valor de la "Ama-habilidad" volamos en libertad, en la libertad de amar, sin traicionar.

RUMI-ANDO EL AMOR

Dice Rumi en uno de sus poemas, que buscar el amor no es vano.

Es que a nadie le hacemos daño, cuando en la sinceridad de la búsqueda y en la transparencia de la mirada, ganamos consciencia, para con claridad elevada, dejar atrás, lo que no nos puede acompañar.

Es resolver los nudos que nos atan por duelos no resueltos, o por miedos que nos ocultan y no dejan revelar lo real.

Vencidos esos miedos, la verdad entonces, puede brillar sin vergüenza, porque a nadie vamos a engañar.

Así, tranquilamente y en paz, nos podemos entregar, en un amor fundamentado en la más profunda libertad; que no es libertinaje, ni falta de compromiso.

Es superar los traumas y los complejos, caminar con la frente en alto, biodanzar mirando a los ojos y descubrir el alma propia en otro, que no se puede ocultar.

FLUIR EXISTENCIAL

El fluir de la vida

es una corriente de incertidumbres

en cada amanecer y atardecer.

Vivir la vida como un acontecimiento extraño,

donde cada segundo nos sorprende,

con una nube traviesa,

el aletear de una mariposa,

la mirada cercana de un amigo

o simplemente un suspiro

por el despertar de cada día.

REFLEXIÓN DEL OBSERVADOR

Cuando te vuelves un observador atento de la vida, sin tensión distingues las señales, que la existencia te muestra.

Comprendes que nada es fracaso, son amaneceres u ocasos, de días cortos y días largos.

Aunque hayas puesto tus más nobles intenciones, sino te empecinas en obligar al destino, a que sea como tú quieres, entiendes que el uni-verso también tiene un plan contigo.

Sin duda, resuenas con el mundo y sus expansiones.

Entonces puedes agradecer, a quien cada día contigo, saluda el amanecer.

SOÑAR NO ES COINCIDENCIA

Coincidir en los sueños creativos, puede hacer florecer una magia que consolida proyectos aquí en la tierra.

Es parte del existir, coincidir en los sueños nocturnos, con otra persona.

Aquellos sueños tejidos en las redes profundas y misteriosas de nuestro inconsciente, no es algo que suceda con regularidad.

Es otra magia que consolida proyectos, por una eternidad.

EL LOCO QUE LO-CURA

La coherencia del loco, es la ambición loca del neurótico.

El neurótico construye castillos en el aire, esperando algún día realizar los sueños.

El loco sabio vive su cuento y en cada momento concreta su meta. Por eso su maleta es sutil y ligera, ya que por otros no espera y su casa es un palacio o una madriguera.

No carga con culpas a nadie y de nadie se deja culpar.

Es su inocencia un baluarte y del amor, reconoce el arte.

Es creatividad; no estancamiento ni destructividad.

Vive en la tierra, en Júpiter, la luna, o en Marte.

Donde no se siente digno, amorosamente parte.

Es su novedad el cambio, no solamente por cambiar, es mas parte de su levedad.

Seguirlo es seguir un astrolabio, sabe dónde está cada momento más allá del firmanento.

Es entonces el universo el verso y el verbo, en el que perfectamente se sabe conjugar.

Es un mago que solo del amor, se deja atrapar...

HAZ LA PAZ

Aceptando la paz interior como consecuencia de una aceptación, no incondicional, de sí mismo y de otros.

Es el producto de alinearse apropiadamente con los sueños y potencialidades. Evitando así la culpa existencial de haberse quedado en la mitad del camino, o de no haber dado más de lo que puede dar.

SALUDO RESPETUOSO A LA PRUDENCIA

La prudencia y el respeto cogidos de la mano van.

Sobre todo por ese amor a ti mismo, ¡vas por tu dignidad!

La palabra toma valor supremo, por el poder que le acompaña. Ante esa unidad, la verdad no se empaña.

Expresas con fuerza, lo que si te guardas, te daña.

Recuperas tu voz nacida en lo más profundo de las entrañas,

revelándote, rebelándote y re-elevándote.

Entonces, el verbo se hace carne y tus actos reflejan la recuperación de tu valía. Eso es contigo gran bondad, es decir, te haces bien con elevada integridad.

Autoestima es decir lo que piensas y sientes, con poder personal y calmadamente.

Sin importar mucho lo que piensen los de-más, tu palabra, como los abuelos enseñaban, es cumplida a cabalidad.
Entonces enseñas a tus hijos, que cuando hay amor, no hay nada que ocultar.

UNA VIDA CON-SENTIDO

Cuando fluyes por la vida y comprendes el sentido de lo que te acontece o haces acontecer, se cumplen los ciclos y algo nuevo puede aparecer.

No se convierten en pesadas cargas tus decisiones.

Articulas pensamientos y emociones, encuentras en la congruencia la integridad de tu consciencia.

Si obras con la asertividad como legado, incluso a tu descendencia, la verdad has dejado.

Aunque objetividad y subjetividad es un asunto de relatividad, comprendes que la VERDAD así, con mayúscula, no se hace esperar, porque no es cuestión de consenso. Es lo REAL que se manifiesta en la esencia del que sabe mirar y sabe amar, más allá de la cotidianidad.

Ramiro Serna

¿SEXUALIDAD GENERAL O GENEROSA?

Cuando te atreves a mirar los parámetros culturales en los que fuiste educado y descubres que hay discriminaciones por tu género sexual, aunque seas hombre, entonces verás que la naturaleza no es injusta.

Es injusto el proceder humano, que te vende la idea de que ser hombre, es mejor que ser mujer.

40

YO CREZCO, TÚ CRECES, NADIE DECRECE

La vida es expansiva por naturaleza. Nadie decrece.

Cuando tomamos consciencia de nuestra expansión y voluntariamente emprendemos caminos, para ser más consecuentes con nuestra evolución, descubrimos que la bondad y el respeto por nosotros mismos y por los demás no es camino errado, mucho menos cerrado.

Nos abrimos a las posibilidades de la libertad, y para ello es pertinente soltar lo que pesa sobre los hombros; principalmente las culpas inexistentes, los miedos paralizadores y los traumas del pasado.

LUCES-CONSCIENCIA-ACCIÓN

Cuando la consciencia en toda la amplitud, profundidad y extensión de la palabra, habita en ti, ya no eres más víctima de las circunstancias, ni pasajero del destino.

Te vuelves no solo protagonista de tu vida, sino también un codirector y guionista para reencauzar tu existencia.

UNA RESPUESTA BONDADOSA

Cuando pones tus más nobles y bondadosas intenciones en cualquier proyecto que emprendes.

Cuando aceptas que tal vez las cosas no salgan como lo habías planeado y sin embargo, asumes el desafío de vivirlo.

Entonces aunque incierto el camino y azaroso el destino, podrás decir que lo has vivido.

Podrás renunciar con dignidad, salvando tu integridad, como esencia fundamental de tu poder personal.

Sin duda verás, que la vida es vivenciar, con creatividad.

Elevar las anclas de la libertad. Libertad que se vive con responsabilidad, es decir, con habilidad para responder y hacer el bien.

Entonces podrás entender que la bondad, es antónimo fundamental de la maldad.

INVENTARIO DE SABERES

Un homenaje de gratitud quiero rendir a toda la humanidad que me ha tocado.

No me refiero a la humanidad en general, me refiero a la humanidad de tantos seres que con su particularidad, conmigo se han topado y con su humanidad, mucho me ha enseñado.

Con algunos de ellos el trayecto ha sido relativamente corto. Tal vez ni ellos imaginen que en el "inventario" -no porque sean inventados por mi mente... ¿o sí? -No sé-.

En el inventario de mi existencia, una lista interminable de maestros, un lugar ya están ocupando.

Aún vibran en mi cuerpo sus enseñanzas, unas simples y otras grandes hazañas.

DE QUE PUEDES, PUEDES

El poder personal, no es otra cosa
que el poder sobre sí mismo.

Poder reinar, no es a otros dominar,
eso, es tendenciosamente manipular.

CUESTIONES DEL PROCEDER

Sin pesimismo absurdo, sino con la felicidad fluyente
de un ser viviente,
he comprendido que mi tránsito por los vericuetos
existenciales, son una continua prueba de sonidos,
sabores y colores.

En sus múltiples matices, del caminar somos aprendices y el disfrutar o el padecer, son cuestiones del
proceder.

Ante lo pedido, real-izado y presentado, mientras
pruebo, soy probado.

Así es la magia en la que andamos sumergidos.

LA LEALTAD SEA CONTIGO...

Cuando el espíritu se rebela en su intención de sacudir la opresión que limita su libertad, no dejes de atender su expresión y vuela en pos del camino que él señala.

Sin dudas, te acercará a la verdad de tu auténtico ser y descubrirás que la mayor lealtad, es contigo.

¿DE QUIÉN ES EL MUNDO?

Este mundo es para los despiertos. -Para los vivos diría mi padre.-

Estar vivos es mucho más que respirar.

Estar vivos y despiertos es reconocer las oportunidades que fluyen ante nuestros ojos.

Saber estirar las manos, no solo para acariciarlas, sino también para con ellas comulgar.

Dejarnos transportar hacia las intenciones trascendentales, con los mayores niveles se consciencia que podemos alcanzar.

Asumir la responsabilidad, por los pasos que damos o dejamos de dar.

CALENDARIO DE EMOCIONES

365 días de permanencia al año, no hacen daño.

Ni existe esa permanencia por carencias afectivas de antaño.

Es la insistencia de una presencia que acompaña en los momentos altos y en los bajos.

También puedo estar sólo, ya lo he estado, y no es el fin del mundo.

Pero, si por preferencias me preguntas, respetando tus tiempos y tus espacios, mis manos con las tuyas juntas, es como más me gustan.

Tengo claro el panorama y mis cartas siempre sobre la mesa, han estado.

En la libertad de una decisión o indecisión, solo pido del cielo grata bendición.

RECONOCER LAS DIFERENCIAS

Re-conocer los valores propios y ajenos, no es otra cosa que profundizar en esas cualidades que nos distinguen como seres de diferenciación.

Diferenciarnos no implica para nada dividirnos.

Profundizar en el re-conocimiento de los valores propios y ajenos, nos lleva a descubrir también, la igualdad que nos acompaña; y que no por eso, la vida se empaña.

EN COMPAÑÍA DE MI SOLEDAD

Soy demasiado joven para perder el tiempo con engaños.

La inocencia en mí, hace presencia, y por ello, en el poder de mi esencia no tiene ciencia, que habite la transparencia de mi presencia y en consecuencia, sea de otro, la ausencia.

Por fortuna, aprendí a hacerle el amor y a dejarme hacer el amor, de la bendecida soledad que me acompaña, sin exigencia de materialidad.

ACERTIJO DE LA DUALIDAD

Queremos vivir como espíritus en un plano.

En una dimensión existencial que también es terrenal, queremos vivir como materia, eludiendo nuestra naturaleza trascendental, inherente a nuestra vitalidad.

¿Es esto dualidad natural, un artificio o una trampa el-e-mental?

Quizás es como aprender a no respirar, como entrenamiento, para cuando esté muerto.

¿Es la lo-cura humana, castigo de nuestra consciencia o premio del que ve más allá?

Si alguien lo descifra que me lo venga a contar.

DIMENSIONES DESCONOCIDAS

Ineludiblemente somos seres espirituales.

La naturaleza nos dotó con esa trascendente dimensión, seamos conscientes de ello, o no.

En los valores y la capacidad de valorar, se manifiesta esa dimensión.

SE BUSCA ALGUIEN A QUIEN CULPAR

Es más fácil asumir que estamos presos, que asumir la responsabilidad que implica ser libres.

Asumir la habilidad de responder por nuestros actos o por nuestra inercia y pasividad.

Asumir que estamos presos, es endosar a otros la culpa de nuestra desgracia.

Continuamente escucho en mi consulta privada, a hombres y mujeres "mayores de edad" culpando a sus padres, esposos o esposas, hijos o hijas, novias o novios; por su imposibilidad de ser ellos mismos.

Vivir en libertad tal vez, es uno de los miedos más grandes que padecemos los seres humanos. Es el miedo a no depender de nadie y ganar espacio en lo trascendental.

Es como morir sin haber muerto, viviendo un cielo o un infierno, sin el respeto de sus diferencias y similitudes, es decir, sin amarse a sí mismos y a otros.

QUIERO CASARME CONMIGO

No es el compromiso el que te lleva a amar algo o a alguien.

Es el verdadero amor el que te lleva a comprometerte con algo o alguien, fluyendo en la verdad.

Cuando te amas a ti mismo, entonces eres capaz de compro-meterte en tu fuero interno, mirarte, ser honesto, celebrar tu cielo y descifrar tu infierno, sin buscar culpables, más allá de tus adentros.

AGRADEZCO LA ELECCIÓN

Soy el dueño de mis tristezas y de mis alegrías
a nadie culpo yo,
esa es mi libertad,
así elijo yo.

Soy el dueño de mis elecciones y mis renuncias,
así haya elegido a quien a mí renunció.

Acompañado por quien me acompaña
en su propia elección,
deambulo por el mundo con una esperanza,
que no es ilusión.

Ni víctima ni súper héroe, solo humano.
Humano en evolución,
una rosa blanca en mi mano
y otra roja en mi corazón.

Liberándome en cada paso,
potencializando mí ser interior,
murmurando en todo caso
lo agradecido que estoy.

CURA AFECTIVA Y EFECTIVA

Es la sexualidad y la afectividad, la plataforma de lanzamiento desde donde se proyecta el vuelo en libertad y para la libertad de una relación de pareja.

En la fidelidad habita la bondad, en la responsabilidad el poder de comunicar. De esta manera, la comprensión y el entendimiento nunca van a faltar.

El respeto que no es otra cosa que poner atención, nos invita a mirar más allá, para encontrar lo que es de admirar.

UN CORAZÓN REAL-IZADO

La capacidad perceptiva, comprensiva e interpretativa del inconsciente y la supra consciencia, trascienden a la capacidad de entendimiento de la razón.

Es por ello que cuando tomamos real consciencia de algo, es decir, desde lo más profundo de nuestro ser, nos damos cuenta de lo que es, y de lo que no es.

Entonces, un suspiro profundo acentúa ese darse cuenta, permitiendo una transformación y una paz in-imaginada.

En pocas palabras, te vuelves más libre de corazón.

FILOSOFÍA DEL SILENCIO

Mucho se habla del poder del silencio. Esto es algo paradójico, ya que al hablar del silencio, lo rompemos.

Por mi parte, quiero rendir tributo a la palabra que le da sentido a ese hermoso silencio.

Palabra certera que respaldada en los hechos, te hace digno merecedor de ser un ser verdadero.

Lo prometido es deuda que no pesa, cuando recuerdas que la palabra se materializa, y hasta la piel eriza.

Si fijando la mirada, hablas desde el alma, en tus ojos se ve el poder de tu contundencia.

Hablar con congruencia, sin miedo a decir o preguntar, es el mejor medio para filosofar, que no es otra cosa, que la sabiduría amar.

DA MIEDO, TENER MIEDO

Cuando el miedo nos domina, el alma se desanima. Las manifestaciones del amor se extinguen, nos replegamos en la armadura y en el caparazón. Con toda esta cerradura, el corazón se arruga, negándole a la vida, la mayor sin razón, que es el amor.

Existen miedos conscientes, con ellos somos más o menos pacientes. Existen miedos inconscientes, agazapados en lo más profundo de nuestra oscuridad desconocida. Trascenderlos es una osadía, del día a día.

Mejor en grata compañía, para referenciarnos en reflexión especular, es decir, en posición de espejo; capaz de reflejar en nuestros propios ojos, lo que no podemos observar.

LA PAZ- CIENCIA HUMANA

El ser humano, en la entrega íntegra y respetuosa, despliega su creatividad más hermosa.

Se entrega en aquello que con amor le apasiona, sea un arte profesión o persona.

Su interés claramente focalizado, comprende lo sublime en lo que se ha entregado.

Desaparecen los riesgos del engaño que hacen tanto daño.

Esa creatividad que por contraposición a la destrucción es la que revitaliza su existencia, le lleva a comprender que bella es la paz-ciencia hacia sí mismo, en toda su esencia.

A TU PROPIO RITMO

Son los péndulos, peregrinos del tiempo y el espacio.

La fluidez y la pulsación que les acompaña, es eterna e inconducente, es decir, no avanza y tampoco se queda estática.

Sin embargo, nos enseñan con su permanente temporalidad, que la existencia es algo que se diluirá en el tiempo y el espacio.

Por eso da lo mismo ir más rápido o más despacio.

Igual puedo disfrutar el vértigo del ágil movimiento, o quedar suspendido en lo sutil de un suspiro lento, donde no sopla el viento.

DESE-ANDO CUMPLIR TUS DESEOS

Si desear que vueles alto y en libertad, que rompas las cadenas que te atan a los miedos, por una historia arraigada en tus huesos.

Si desear que nutras tu sapiencia, con las vivencias filosóficas del camino.

Si desear que sacudas los residuos de dolor, acentuados en tu cuerpo, así esto dibuje la incómoda mueca del fastidio en tu rostro, con la esperanza de que al otro día, vuelva a florecer tu diamantina sonrisa.

Si desear eso y mucho más para ti, tiene sentido. Si desear todo eso puede tener un nombre, que aún desconozco. Por favor dímelo e inventémosle ese nombre.

Tal vez sea el inicio de una nueva realidad inexistente en mi vida, y en la tuya una nueva forma de ver mi suerte.

Suerte que sin dudas vence, a la que creía cercana a muerte.

PLANES IN-SOSPECHADOS

Renunciar con altura y dignidad a un sueño no cumplido, no es una derrota. Es aprender a tolerar e incluso sabiamente soltar, para abrirse a otra posibilidad.

Muchas veces lo he visto, aparece otra oportunidad, más ajustada a tu verdad existencial. No es vano confiar.

Es comprender que el uni-verso también tiene contigo planes más allá de lo que podías sospechar.

Nada es para siempre, cada día es un nuevo despertar y si el amor por ti mismo, sabes cultivar, a nadie tienes que atrapar.

Fluyes por la vida sin tener a otros que controlar. Es un lindo respetar, es estar atento a lo que pueda pasar. Cultivas el mejor intento para inspirarte y a un otro poder inspirar.

Si es para estar contigo, que sea en plena libertad.

JUNTOS, PERO NO REVUELTOS

Hay quienes se, apegan tan fuerte a la necesidad de desapegarse, que no se dan cuenta de lo apegados que están a esa creencia.

Se aferran a ella como la única realidad posible, diluyendo la posibilidad de apegarse sanamente a lo real.

-Entonces, ¿Qué es lo real?

Lo real es todo aquello que existe, independientemente que haya una consciencia que lo perciba.

-Es, lo que es.

Eso me decía un maestro, mi maestro Alberto Restrepo.

TE AMO AUNQUE NO TE NECESITE

Considero que el primer y más importante regalo para los hijos, es que lo más pronto posible, no nos necesiten para nada.

El segundo gran regalo, es que no los necesitemos a ellos para nada.

Porque donde habita la necesidad, no hay libertad sino dependencia.

Desapego no es abandono.

Disponibilidad, sensibilidad y asequibilidad, es presencia para la eternidad.

FILOSOFA-ANDO Y LOS PASOS CONTANDO

Se me están olvidando las matemáticas, ya no sé qué es perder, ya no sé qué es ganar.

Solo sé que mi expansión dirección-ada hacia la nada, o hacia el todo que es lo mismo, parece un raro algoritmo.

No sé de competencias, que mi vida, han de arruinar, como dice Cabral,

"Si el mundo es redondo, no sé qué es ir adelante, no sé qué es ir atrás. Se hace camino al andar, respetando al amigo, que en mí ha sabido confiar".

NO ESPACIO – NO TIEMPO

El que menos necesita, no es necesariamente el que a menos aspira. Cuando haces de tus deseos, un acopio de energía dinámica, orientado a la consecución de tus más nobles objetivos, materiales o no, reconoces en el poder facultativo del deseo, la fuente de la creatividad infinita y eterna.

Una fuente ilimitada en espacio y tiempo, o en el no espacio y el no tiempo.

Por lo tanto, desde mi forma de ver, creo que no es el deseo, el enemigo del hombre. Es no reconocer en el deseo, como se articulan las ambiciones del ego y del alma, siendo ambas absolutamente importantes para el ser humano, en este plano existencial.

AMORES IN-SEPARABLES

A amar también se aprende, aunque la facultad de amar está en nuestros genes, a amar también se aprende, como se aprende a caminar y a danzar. En el amar se aprende a entregar, abriendo cuerpo y alma, en vulnerabilidad, es confiar en el amor y su bondad.

A amar también se aprende, aunque con duros golpes, que se dan y que nos dan.

Hemos venido para aprender a amar, por respeto y dignidad, sin condicionalidad.

Amar en el amor ágape universal, así como en el amor erótico, terrenal y humano. Sin dejarnos pisotear, para rescatar la vida, que es mucho más que respirar.

VERDADES QUE HABLAN

Cuando hablas con la VERDAD, así, con mayúsculas, no con esa verdad subjetiva, acomodaticia y de conveniencia transitoria.

Me refiero a la verdad respaldada con hechos, a esa, que emerge de las entrañas; puedes andar por el mundo con la mirada de frente.

Puedes detenerte tranquila y fijamente, en la pupila de quienes se cruzan por tu camino.

Puedes sentir en tus palabras el peso y el valor translúcido de una fuerza, de un poder, que no es de este mundo. Al menos no del tangible, común y corriente.

Descubres que fuiste hecho para algo más que transitar, como un tal Vicente.

HABITA TU TEMPLO

Templo de Dios es tu cuerpo, templo al que pocos se dignan a entrar.

Bello es cuando seleccionas tus pensamientos, tus alimentos y quien a tu cuerpo, dejas llegar.

Símbolo entregado en una llave, como clave de confianza; no a todos se les puede dejar pasar.

Que habite la verdad en tu alma, que no es verdad de perspectiva; sino esa que altiva, todos pueden mirar, si saben observar hacia adentro.

Allá en el centro, donde se encuentra tanta luz en medio de la oscuridad.

Habita tu templo.

REBELDE CON CAUSA

Romper esquemas y creencias limitadoras desde una consciencia ética y digna es la más sana rebeldía que puede emprender un ser humano.

Es abrir compuertas a la libertad reprimida por dogmas, fundados en culpas y miedos impuestos por figuras revestidas de autoridad, sin moral ni sano ejemplo a ser seguidos.

Ser congruente no es más que ser uno mismo, sin hacerse daño, ni hacérselo a los demás.

EQUIVÓQUENME SI ME CORRIJO

Ser correcto e integral no es revestirse de estupidez que atente contra tu propia dignidad.

Ser correcto e integral no es doblegar anhelos y deseos que abunden, es un continuo mejorar de tu bienestar y el de los demás.

Ser correcto e integral es el camino a la libertad, como lo han mostrado los grandes maestros de la humanidad.

Ser correcto e integral es el fundamento de una buena autoestima para vivir en paz, fortaleciendo el cuerpo, el alma y el espíritu, mientras nos toca en este mundo transitar.

BRUJAS VOLADORAS

En un mundo cambiante, donde la información trasciende fronteras, se diluyen barreras y la equivalencia toma bandera.

Hermoso es ver el poder que hoy recupera la mujer, ya no más sumisa ni sometida. Ella se hace valer y en las parejas, desde su altura, asume postura, para una mejor vida en conjunto tejer.

Conscientes del reto, a los hombres nos toca despertar y respetar la igualdad desde la diversidad, para en pareja y a la par amar y dejarnos amar. Ya las abuelas de mis abuelas, obligadas a aguantar, hacen parte de una historia que ya no viene más.

Mujeres con poder, no para a otros dominar, simplemente con poder para amar en libertad.

Libertad unida a la responsabilidad, que es la habilidad de responder por sus vidas con dignidad.

Ni sumisas ni sometidas, verdaderas brujas voladoras, con propias alas y escobas, no prestadas.

NO TE ABANDONES

Cuando renuncias a las bondades del cuerpo, en aras de tu espiritualidad, corres el peligro de descalificar lo sacro de la materia, que también fue hecha con bondad por la fuerza instintiva que la forjó, desde el gran alfarero, que es el creador.

QUE VALGA EL RIESGO, NO LA PENA

Amar implica riesgos, por la expansión y la entrega.

Riesgos que para mí vale, NO la pena, sino la dicha.

Riesgos que te ayudan a descubrir

quien realmente eres.

Amar implica riesgos,

porque te entregas y te dejas poseer,

sientes algo en el cuerpo y en el alma,

que temes pueda desaparecer.

TU - MEJOR COMPAÑÍA

Si por miedo a la soledad o por dependencia doblegas tu dignidad, entonces la compañía que te sostiene, enterrará tus sueños, tu autoestima y libertad. Pagas un alto precio por vegetar.

Si en sana rebeldía, sacudes tus alas y rompes las cadenas que aprisionan más que tu cuerpo y tu espíritu. Volarás en tu propio cielo, encontrarás digna compañía.

Verás que el problema de la soledad, no es la soledad en sí misma. El problema es cuando estando sólo, me siento mal acompañado por mí mismo. El principio de mi libertad, es enamorarme de mí mismo y de mí mismo dejarme acompañar.

Mi panorama así no se deja empañar y a nadie de mi vida, voy a responsabilizar.

REBELDÍA O REVELACIÓN

Cuando transcurres con consciencia por la consciencia, reconoces tu verdadera esencia. Ya no eres más preso de un peso sociocultural que te quiere esclavizar.

Ni siquiera el peso de la modernidad, que en nombre de la libertad, bajo la trampa de la irresponsabilidad, a una jaula nos puede arrojar.

No es simplemente quererte rebelar o revelar, es descubrir que sin hacerte, ni hacer daño, en ti la paz puede habitar.

AMOR CORRESPONDIDO

Es absolutamente necesario rescatar el encuentro de la pareja interior, para poder materializar y encontrar en el afuera, en el exterior, la pareja que nos corresponde.

Cuando utilizo el término "nos corresponde", hago referencia a algo muy profundo y significativo. Hago referencia a alguien que responde a tu entrega como pareja, con reciprocidad, altura, equidad y equivalencia.

EL AMOR COMO TESTIGO

Cuando sabes re-conocer el valor tuyo y el de otra persona, aprendes a caminar en el mundo del respeto. A nadie estas sujeto, porque la libertad te invita a respetar los cielos. Obviamente no evades el compromiso, no estás preso ni contigo, ni con pareja, familia o amigo. Es el amor tu principal testigo.

Trasciendes entonces los ap-egos, que es un algo unido al ego y mata la responsabilidad, que es la habilidad para responder con
ama-bilidad.

RECONOCIENDO MIS VALORES

Valorar, valorar, valorar...

Nos enseñan a valorar lo que hasta en el fondo, como esencia real, no tiene valor.

Nos enseñan a valorar más un trapo llamado bandera, ya sea de un equipo o de una patria, que la vida de otro, porque es de otro club o nacionalidad.

Nos enseñan a valorar un credo, que no es más que una idea que muchas veces no me he dignado reflexionar. A veces me pregunto,

¿Es lo mismo valorar, que reconocer los valores inherentes a la esencia de lo que es real?

LA GRANDEZA DE SER ELLA

La grandeza de una mujer, está en su dignidad erguida.

Mujer que no se deja someter, congruencia pura en su estilo de vida.

Mujer brillando con su luz propia, mujer que trasciende del machismo su historia, de ella nadie se apropia.

Mujer que en comunión sagrada con otro, construye divino puente para hacer en comunión respetuosa, un castillo viviente.

Nutriéndose de la vital fuente, caminos confluentes, nos arrojan más allá de lo pendiente.

PUNTOS CARDINALES

Cuando tienes claramente trazados tus objetivos en la vida y emprendes el camino que resuena con tu misión y con tu destino, no te distraes vanamente. Aunque hagas pausas y diluyas tu mirada en el horizonte, sabes cuál es tu centro y tu norte.

No pasas por encima de la dignidad de nadie, ni permites, por humilde que seas, que tus rodillas en humillación baldía, se dobleguen por cobardía.

Tu mirada siempre al frente, vibras con tu ser viviente. Sin hacer daño, eres contundente. Sin dejar de ser prudente, sabes beber de la prosperidad en la fuente. Mina sagrada, que no debe ser maltratada.

Mujer sabiamente reverenciada, es la tierra materia elevada.

AGRADEZCO LA DIFERENCIA

Gratitud no es obligación. Gratitud es guardar un sentimiento de amor en el corazón. No se fuerza la gratitud, emerge en el re-cuerdo de lo que se vivió. Gratitud y perdón, es más trascendencia, que obligación.

Gratitud y perdón liberan las cargas para seguir avanzando en la consciencia y su expansión.

Puedes mirar atrás, comprendiendo que es lo que la vida en esa historia enseñó. Soltando el pasado y tal vez a las personas y las cosas, que ya no son más, para hoy.

No ofendas a nadie, habla con la verdad de tu corazón.

¿SABÍA USTED? QUE...

Ser sabios no es reservado para unos pocos.

Si entendemos por sabiduría la aplicación práctica de una habilidad innata o aprendida, todos somos sabios por naturaleza.

Todos hemos desarrollado algún tipo de sabiduría, venimos con una plataforma de sabiduría bastante amplia y un potencial invaluable, incalculable de sabidurías por aprender y aprehender.

Nos queda corta esta vida, para fluir por ella siendo conscientes de cuánta sabiduría podemos desarrollar.

En todas las áreas hay sabiduría, por las cuales podemos avanzar.

VIAJE EXPRESO A LA LUNA

Vuelan mis pensamientos, imaginaciones
y esperanzas.

Es la vida una andanza donde se desprende la piel, en la estrechez de los umbrales, anhelos celestiales y terrenales.

Amor y materia, ambos, cosa seria.

Desandar caminos que no fueron de claro destino, empoderarse y empoderarme conmigo mismo, no es un juego de casino.

DES-NUDA TU FEMENINO

Reconcíliate con el femenino que habita

en tu corazón,

así mismo tratarás a la mujer que te acompaña.

Sabrás que en el amor ni a ella, ni a ti te engañas,

verás como la vida cambia y no se empaña.

Es despertar en ti cierta viril delicadeza,

es hombría vestida de bella nobleza.

No es ningún tipo de bajeza, ni debilidad,

es emocional fortaleza, es quizás,

otra forma de riqueza.

EL PODER DE DECIDIR

Estamos esperando que un otro nos diga que tenemos que hacer, o al menos que nos digan que es lo mejor para hacer. Esto incluso y es lo más delicado, para las decisiones importantes.

Como si hacer lo que otro nos diga que hagamos, nos eximiera de la responsabilidad de lo hecho.

Mejor pongo el pecho y cruzo el trecho.

LO-CURA DE VIVIR

Canta como si nadie te escuchara, porque tu voz necesita expresarse con el talento de tus entrañas.

Baila como si nadie te estuviera viendo, porque tu cuerpo necesita mecerse, con la sutilidad del viento que lo atraviesa.

Danza para sacudirte de lo impregnado como dogma en tu cuerpo y en tu piel.

Mueve ese cuerpo impregnado de dogmas, culpas y represiones, desde los pies hasta la cabeza, sin contemplaciones.

Ama como si nadie te hubiese lastimado, porque tu corazón necesita expresar y por la fuerza del amor ser sanado.

Trasciende a pesar de tus heridas, por la fuerza que te habita, ama sin medida.

Vive y se tú mismo, porque te hicieron único e irrepetible y en esencia tu esencia es indestructible.

TRINCHERAS QUE HACEN ECO

Hay batallas que no son nuestras, son mías...

Tus palabras no son dardos, son evidencia de mi guerra interna.

Tu voz solo me la muestra...

ME AMO Y TE AMO

Casarse consigo mismo, es asumir en lo personal y en amplitud de consciencia la más bella responsabilidad, con la única persona que de seguro, te acompañará hasta el día tu muerte.

Casarse consigo mismo es comprometerse en la fidelidad de obrar de buena fe, hacia ti mismo, para cultivar la autoestima que mereces.

Casarse consigo mismo, es desarrollar un amor seguro, que te mantendrá en el autocuidado, afianzando un poder personal, que para nada es un poder sobre los demás, ni mucho menos egocentrismo o narcisismo.

Casarse consigo mismo, es dignidad vertida sobre todo tu ser, blindándote de malas relaciones, para que tu tranquilidad y tu paz puedan florecer.

AMOR - ES

No es que no me aferre a nada, procuro no aferrarme al pasado.

No me aferro a lo que en mi proceso de crecimiento, no me esté acompañando.

Me aferro a cada bocanada de aire que entra a mis pulmones, a mis claros sueños que no son vanas ilusiones.

Me aferro a mis esperanzas de ver días mejores, al sueño de ver a mis hijos en un mundo sin traiciones.

Me aferro al sueño aún no tejido en la mente de mis nietos, que sean sueños carentes de malas programaciones.

Me aferro al profundo deseo de ver a mi hijo Daniel, cantando conmigo canciones, cruzando con él por el camino de sus aspiraciones.

También me aferro al sueño de volar contigo amada MUJER, contando nuestra profunda historia de amor-ES, por pueblos y naciones.

Enseñando al universo que puede existir un verdadero AMOR DE PAREJA, en la mitad de la vida, hasta el atardecer, en sus albores.

Contando que puede existir un amor de pareja sin queja, que pueden existir hombres y mujeres viviendo amores soñadores.

Enseñar que nuestros besos son de múltiples sabores y en nuestras miradas arco iris de mil colores.

MATERIA POLVORIENTA

Atacamos el materialismo y en el materialismo vivimos.

Es más, me atrevo a decir:

Materia somos, polvo eres, hombres y mujeres, polvo somos, no somos gnomos.

El verbo se hizo carne, eso no es en balde.

Queremos vivir sólo en el espíritu, para cuando el cuerpo falte, y sólo espíritu seamos, entonces la muerte, sin respirar vivamos.

DE LA VERDAD A LA LIBERTAD

Es tu libertad el camino que te lleva a vivir en la tierra, un cielo. Libertad que te aleja de lo que te acompleja.

Por soltar los miedos, vences la timidez que te adormece y elevas tu dignidad más allá de la maldad.

No engañas a nadie, porque en tus labios, en tu cuerpo y en tu actuar, habita la verdad.

Te sabes respetar y por ello a lo nocivo sabes también renunciar.

Sea un "amigo", esposa o marido, que no es para la bondad, siendo la bondad la intención de hacer el bien y nada más.

Cuando vives en libertad, de insanas culpas te sabes desmontar.

Somos seres trascendentes en expansión a la eternidad. Mientras tanto vivimos en lo "material" y a lo material de este mundo, por completo no podemos renunciar.

CONSCIENCIA GENERACIONAL

Ser los mejores padres, para mí no es más que avanzar en consciencia personal, que por el ejemplo, el hijo en consciencia avanzará.

Ese es el legado para su libertad. La de él, la de sus padres y la de la humanidad.

Bendiciones y saludos a los abuelos, porque los nietos son un paso de eternidad.

LA PROMESA DEL ENGAÑO

No sé si este término se pueda utilizar, pero en la cotidianidad que deambula como una cruda realidad, nos encanta auto-pre-engañar.

Me refiero a esa habilidad de engañarnos a nosotros mismos, antes de volvernos a engañar, y prometemos de buena fe, eso que no podemos garantizar.

Prometemos un amor eterno, hasta cuando de lo eterno podemos dudar. Prometemos que habitaremos en sueños, y no sabemos si de los sueños, nos vamos a acordar.

Prometemos sentimientos, tan inciertos como el viento, que tiene su propio movimiento.

Sobre lo que sí tenemos potestad es la lealtad, la fidelidad y el respeto a la libertad. Todas producidas desde la racionalidad, por miedo al compromiso, nos negamos a aceptar.

EQUIVALENCIAS REALES

La honestidad es el ejercicio de ser honesto, la espiritualidad es el ejercicio de ser espiritual, entonces, ¿La realidad es el ejercicio de ser real? Si la realidad es el ejercicio de ser real entonces, ser REAL es resonar con lo que por naturaleza, ERES. Ser real, es ser lo que se ES.

Por eso, lo natural en un perro es que ladre, en un gato que maúlle y en un ser humano, que se comunique con base en la amplitud de su lenguaje.

Ser un ser HUMANO real, nos conecta con la naturaleza existencial de simbolizar y saber cuestionar...

EL QUE BUSCA, ENCUENTRA

Ser buscador, no es más, que ser inquieto por el conocimiento y la sabiduría.

De hecho, la filosofía (filos=amor -sophia =sabiduría) es inherente al ser humano.

¿Por qué cortarle las alas, a ese ir más allá de lo que ya conocemos y somos?

¿Por qué no atrevernos con ética, prudencia y respeto a ejercer nuestra libertad de avanzar en el tiempo y el espacio sin hacernos daño y sin hacer daño a nadie?

Cómo nos cuesta soltar y ser libres.

Le tenemos más miedo a la auténtica libertad, que a la misma muerte.

TODO ESTÁ EN TI MISMO

Egocentrismo y narcisismo, no es auto estima.

Auto estima es amor propio desde la consciencia, que confiere el reconocimiento de mis valores como persona.

Valores que en su esencia, no van más allá del valor esencial de los demás.

Mi libertad no es hacer lo que me venga en gana, aunque cause daño a los demás.

Mi libertad es la posibilidad de elegir aunque cause dolor, que no es lo mismo que dañar sin piedad.

Libertad es superar miedos, traumas, complejos y culpas que me atan y no me dejan volar.

LO FEMENINO DE UN VARÓN

Varón encuéntrese con su alma.

Por el mundo de lo femenino déjese envolver. Te volverás más sensible, no perderás poder y reencontrarás uno nuevo.

El cielo y la tierra, la luna y el sol, dentro de ti van a crecer.

Transitarás por el mundo, ya no como una estrella fugaz.

Serás tan elocuente con tu verbo y con tus actos, que de seguro tus hijos te lo agradecerán. Verán que puedes amar con respeto y libertad, dejándoles un legado que cubra de dignidad a la humanidad.

RESPONSA-HABILIDAD

Asumir la responsabilidad de la vida, lleva por consiguiente, a asumir la responsabilidad de la muerte. No es cuestión de suerte.

Es consciencia para ante todo hacernos fuertes. Transitar por esta existencia, nos lleva por la vida y la muerte sin resistencia.

Al asumir la responsa-habilidad, de nada ni de nadie nos tenemos que esconder.

Como lo hizo el mesías en sus días y el Gandhi con claridad, en época de la modernidad. Todo simple y llanamente, en aras de la libertad.

LIBERTAD EXPANSIVA

No sólo fuimos dotados con unos valores, es decir, con unas cualidades particulares que sabemos y podemos distinguir. Sino también, fuimos dotados para crear nuevos valores.

En el proceso de expansión del potencial humano, fuimos dotados de una consciencia de libertad y liberación paulatina.

Podemos reflexionar, nos podemos cuestionar sobre el sentido de nuestra vida en particular y sobre el sentido de la vida en colectividad.

Podemos preguntarnos para qué existimos como individuos y para qué existimos como especie la humanidad.

FECUNDACIÓN CREATIVA

Mis luchas fueron redimidas por una paz fundamentada, en el fluir con lo que es.

No es una actitud pasiva, puede ser en algo reactiva.

Puede ser más, una proactividad benévola, sabiendo distinguir la agresividad de la violencia.

Así cumplo con la vida y su potencial, fecundado la creatividad con la que fui dotado, con la creatividad que fuimos dotados.

MATERIA-HUMANO-ESPIRITUAL

Si bien es cierto que somos espíritus viviendo una experiencia humana, no menos cierto es, que somos humanos viviendo una experiencia espiritual.

Por ser una experiencia existencial, acepto mi materialidad sagrada. NO reniego mi materia, por el contrario, la vivo cada vez con más consciencia.

No pretendo aprender a vivir sin respirar, para cuando ya no tenga que respirar. No pretendo volverme ahora, cien por ciento espiritual, para cuando abandone este cuerpo material.

DULCE DESVELO

El entusiasmo, el compromiso, la presencia y la dedicación, no son estresantes, ni de angustia su constitución.

No portan ansiedad, ni generan desvelo por incomodidad del corazón.

El desvelo está inspirado en el espíritu de la paz y la meditación.

Entonces, no se agota el cuerpo. Se revive y se fortalece con cada respiración e inspiración.

Es simplemente Dios fluyendo en tu interior...

RE-PRESIÓN

Se ha reprimido la agresividad y se ha reprimido la sexualidad, desbordadas andan ahora, avasallando y dañando como un huracán.

Sexualidad y agresividad son regalos sagrados, para nuestra vida mejorar.

La agresividad es para expandir con creatividad, no destructividad.

La sexualidad es vitalidad, que multiplica la felicidad.

Sexualidad y agresividad juntas, multiplican nuestra deidad.

TIEMPOS ESPACIALES

Somos seres espaciales y temporales. En la materialidad de nuestra esencia, resolver nos cuesta, abandonar lo que está a cuestas.

Alcanzar lo que hemos podido trazar por meta, de mirada al frente, avanzando en un sabio presente.

Catapulto mis sueños, para ir por ellos venciendo mi encierro y mi entierro, porque este mundo de valientes, nos enseña a ser insistentes, sin doblegar la dignidad vigente.

Prosperar sin dejar de ser decente, con humildad, hasta ser prudente.

MISIONERAS MATERNAS

A todas esas madres que hablan con la verdad a sus hijos.

A todas esas mujeres que han encontrado en su maternidad un sacro-oficio. Les quiero honrar por su misión existencial.

Misión que va más allá de lo que sus ojos pueden mirar, pues su legado se extiende en la eternidad. Así nadie las pueda recordar.

Pauline Koch, nombre tal vez desconocido, en su vientre gestó a un hombre, por muchos reconocido.

Gran legado ambos han dejado. Madre persistente en su diaria cotidianidad. Hijo en la ciencia nos dejó la historia de la relatividad.

Huella profunda en la humanidad.

SIN ORDEN ESPECÍFICO

Tal vez este libro no tenga un orden, porque en el caos habito yo.

Quizás el caos tiene un orden que me habita, en el cual fluyo y me deslizo yo.

Hablamos de la esencia, la sabiduría los valores y el sentido de tu ser tú,
y yo ser yo.

Hablamos de ser conscientes de un nosotros, porque en el mundo habitamos tú y yo.

¿Qué es eso de ser conscientes?

Quizás es no andar perdidos en la tierra, que a habitarla nos convidó.

Es darme cuenta, con mucho agrado, desde lo instintivo, hasta lo más elevado, del creador consciente que soy.

MUNDO DE VANAS REPETICIONES

Sea usted mismo, me lo repitieron muchas veces y hasta me lo repiten hoy. Sea usted mismo le dije a un perro, a un pollo y a un toro; que en el camino de regreso a casa me encontré. Todos de mí se rieron. El único que no estaba siendo, lo que por naturaleza le correspondía, era yo.

Cómo podía serlo si ignoraba y aun ignoro lo que en mi verdadera esencia soy. Me miré en el espejo, y me vi con ojos, boca, nariz y un pensamiento que me sacudió. El perro, el pollo y el toro, están ladrando, piando y mugiendo; yo estoy pensando, riendo, llorando y creando con mi lenguaje un mundo de símbolos, para descifrarme o enredarme.

Es parte del misterio que también soy. Entonces, soy un ser pensante, que siente, dice y diciente, incluso soy un ser viviente. ¡Qué rollo soy!

El ARDOR DE LA IN-CONGRUENCIA

La incongruencia humana y la disociación, en el fondo desgastan y agotan energéticamente, por la fricción que generan.

Nos auto-engañamos más que engañar a otras personas.

Por esas disociaciones en múltiples ocasiones, según la conveniencia, actuamos instintivamente. A veces, le queremos dar connotación espiritual a lo que desde mi instinto, me quiere dominar.

Más allá de juicios moralistas, una invitación a mí mismo, me he querido dar. Quiero actuar en la congruencia de mi integridad.

UN VOTO DE CONSCIENCIA

Mujer... que dejaste habitar en tu vientre un nuevo ser, es bueno que hoy comprendas, que la esencia de esa criatura, es la de un alma, con un sendero propio por recorrer. No te empecines en trazarle un camino, el tiene su propio destino. Lo mejor que puedes hacer, es de su vida ser testigo y aprender.

Observa como extiende sus alas, tal vez estén más frescas que las tuyas, doblegadas por creencias del ayer. Creencias que impidieron tu vuelo, te ataron al suelo, muchas veces, solamente por ser mujer.

Hoy que eres mujer y madre, recupera tu poder personal, no para competir con alguien, sino para salvar tu dignidad. Esa que desde tu sabiduría, no te deja paralizar. Por el contrario, te posiciona, te hace real-izar.

FILOSOFANDO-ME

Si una dimensión no es más, que una forma de ser y ser es algo inherente a la esencia y a la naturaleza intrínseca de algo y la esencia de algo es lo que hace que ese algo sea ese algo y no otra cosa, así como la esencia de una rosa, hace que sea esa rosa y no otra cosa. ¿Entonces por qué creernos que somos algo, que en esencia no somos? ¿Para qué decir que SOY colombiano, católico, latino, psicólogo, si eso no define, ni describe mi esencia?

Por esencia si soy un ser humano, igual a aquel que nació en un lugar llamado China, África, Afganistán o Turquía, igual en humanidad, a otro que tiene color de piel y facciones distintas a las mías. Ni mejores ni peores, solo distintas. En mi esencia multidimensional, descubro la multi-potencialidad para hacer de mí, un ser expansivo en un camino multi-direccionado.

IN-GENIERÍA DEL ALMA

En los duelos, me atrevo a decir, casi siempre, lo más difícil no es renunciar al pasado, ni siquiera al presente; sino a ese futuro que habíamos construido en nuestra mente. Futuro inexistente en la realidad tangible. Futuro muchas veces construido en la ilusión del que piensa ingenua-mente, porque la mente muchas veces juega a ser una ingeniera del destino.

Algunas veces, construimos en la esperanza, que tiene bases en el alma del que percibe, con el cuerpo y el corazón. Nos volvemos constructores, en una esperanza que va más allá, más lejos, porque corazón y razón tomados de la mano van.

Son los sueños los que dan alas para vivir en el amor. Es la intención del que construye, con consciencia, para vivir en un mundo mucho mejor.

DESCUBRIMIENTO ESENCIAL

El amor es esencial, es decir, es de la esencia. Amar es un verbo que se conjuga desde la esencia. Amarse a sí mismo, es fácil de plantear y difícil de demostrar. Es necesario cultivar ese amor propio, que nos invita a vivir con dignidad. A no permanecer donde no nos saben tratar, como le decía el pequeño hijo de 8 años de edad a su madre.

-¿Por qué te quedas con mi padre, si él te hace tanto llorar, y no te da felicidad?

Ella descubría en la voz de su hijo, que era ella misma la que no se sabía amar. Descubría además, que con su actitud de aguante, le daba mal ejemplo a su hijo y que por sí misma y en sí misma, podía encontrar la felicidad, sin esperar que el otro cambie. Eso es en sí mismo, integridad.

PENSAR DIGNAMENTE

Cuando por pensar en los demás dejas de pensar en ti, terminas haciéndole daño a los demás. Porque al final, todos terminan pensando en los demás y perdiendo su identidad.

Pensar en ti, no es egoísmo, es empezar por tu propio bienestar, a enseñar que en la auto estima, está la dignidad.

CREENCIAS VANAS

¡Querer es poder! Eso nos han enseñado y eso hemos aprendido y creído. Pero la evidencia es otra. A diario en mi consulta lo he podido constatar.

-"Quiero hacer dieta, quiero serle fiel a mi mujer, quiero dejar de beber, quiero hacer deporte, quiero que la opinión de la gente no me importe, quiero viajar, quiero mi libertad".

Terminamos tan dormidos y tan incomodos, que nada o poco podemos cambiar.

Es que para mí querer no es poder. ¡HACER ES PODER! y no me refiero a un poder sobre los demás, sino a un poder personal, donde la congruencia de tus hechos, con tu ser emocional y el verbo en tu cuerpo, se sepan conjugar.

Esto hace que seas un ser humano deambulando por la verdad, porque el verbo se hace carne y como dice Coelho, "El universo premia la acción y no la buena intención."

NO ME PERTENECES

A veces creemos que las personas, incluidos los hijos, hermanos, padres, amigos, parejas, socios, clientes, y pacientes entre otros nos pertenecen. Nada más alejado de la realidad. Todos ellos y nosotros mismos somos hijos del universo amplio y a él le pertenecemos.

¿Para qué desgastarnos con la idea de re-tenerlos desde la culpa o el miedo? -¿No será más conveniente para todos podernos y poderlos inspirar con respeto, libertad y dignidad?

Así, quien a tu lado esté, lo haga sin obligación y por su propia decisión. Transite contigo en un compromiso natural emergido del corazón y el deseo de danzar, caminar y por qué no, hasta de volar a tu lado sin estorbar en el avanzar. Para mí eso es sabia y respetuosa libertad.

CREA-ACTIVIDAD

Hay una parte de mí, que responde a un criterio no racional. No me refiero a lo instintivo del organismo, sino a algo más allá.

Es una voluntad profunda y sagrada. Es crea-actividad del alma, para ser más de lo que creí alcanzar.

UN AMOR SIN MIEDO

"El opuesto del amor no es el odio, sino el miedo". Nos lo decía el Dr. Wayne Dyer y Alberto Restrepo, también. El miedo te paraliza, o te hace huir.

Por miedo, somos capaces de destruir y amorosamente deconstruir, en la sensatez de lo que ya no puede ser.

Una vez vencido el miedo, en el amor nos entregamos, como se entrega una madre, como se entrega un amante (Amante es el que ama, como caminante el que camina, o estudiante el que estudia). En el amor nos entregamos venciendo las distancias, yendo más allá del tiempo y del espacio, venciendo los límites del re-tener. Abriendo con franqueza el alma, y con sinceridad el cuerpo, para que nos puedan conocer, con virtudes y defectos. Dispuesto a crecer y trascender, abro, expongo y entrego mis pensamientos; venciendo el miedo de tu criterio y de tu parecer.

Es la integridad del ser, respondiendo en la congruencia, de lo que claramente has podido ofrecer.

EL JARDÍN DE LA PROSPERIDAD

Porque la prosperidad es sagrada y la pobreza es carroña mental, hay que cultivar el jardín de la abundancia y en él amorosamente habitar.

Podemos vivir con dignidad, abrazando la calidad de vida, sin deudas angustiosas y acumulando sonrisas maravillosas. Por ellas, no nos van a secuestrar.

METODOLOGÍA TÁCTICA

En el amor hay un método, en el vivir también y hasta para morir hay un método. Si por método entendemos una forma de hacer las cosas, que nos une con el espacio y el tiempo, así como lo hace el león, el tigre y el águila para cazar en su forma de acechar. Como lo hace el jilguero al construir el nido y el hombre la casa que va a habitar.

Si la amplitud de consciencia nos acompaña para optimizar los métodos en el amar, el vivir y este mundo abandonar. ¿A quién le hacemos daño? ¿Si desde la supra-consciencia, somos vitales al metodizar?

Nos lo decía Mario Benedetti, en su poesía de Táctica y Estrategia, porque en el tacto está la clave, para vivir amorosamente por una eternidad.

JUGANDO A LAS ESCONDIDAS

He venido ocultándome, cada vez menos, porque he des-cubierto que más que engañar a otros, es mi propio engaño, el que me hace daño. Por la incongruencia que cargaba y que se encargaba de mostrar mi poca consciencia.

Hoy con la frente en alto y la mirada fija en quien me mira, determino que el alma, a través de mis ojos, tranquilamente puedo mostrar. No es una victoria para mi ego, es ser transparente con toda mi humildad.

Ofreciendo mi pobreza, dos chiros mal combinados, un colchón estropeado que maltrata la espalda de mi pareja, y a la mía hace encorvar. Me reivindico con un masaje, para que ella descanse como en una nube y en la mañana, amorosamente, mis labios pueda besar.

DUELO FUGAZ

"La muerte de un amor, no es la muerte del amor" - me decía una paciente en estos días- así como apagar una vela o un fogón, no es apagar el fuego o la luz de todo el mundo alrededor. Hay amores efíme-ros, le sucede a reyes príncipes y limosneros. Amores que aunque pasan raudos por tu vida, dejan huella. Aunque todo se haya dado en un santiamén, también hay que decirles gracias y amén; porque aunque rápidos se presentaron, en la honestidad de nuestro corazón se fundaron.

Aunque muchas veces dejarlos ir no quieres, con el adiós descubres en tu soledad, quien verdaderamente eres. Después comprendes que el uni-verso en santa sabiduría, iba a dibujar para tu vida otra ave-nida y tú como el ave Fénix, despliegas tus alas de libertad. Con las alas de la osadía, vuelas dejando el pasado atrás. Que se marchite lo que se tiene que marchitar y que resucite lo que tiene que resucitar. Me lo decía la paciente, con entusiasmo al hablar.

EDUCA-ANDO

La educación (del griego educare=sacar de adentro) más que información vertida en tu cerebro, es desplegar tus potencialidades y tus talentos. Eso emerge de tus adentros.

Es descubrir tus valores y tus principios. Es reconocer en la vida, para que fuiste hecho. Es reconocer en la verdad de los aciertos y desaciertos que somos aprendices eternos.

En el educar, puede favorecer un buen lugar, sin embargo, salir de Harvard, nada puede garantizar.

De allí han emergido políticos y patrones con avaricia, que han sabido el planeta devorar, destruyendo la dignidad de la humanidad.

Nosotros, como madres y como padres, hacemos un acompañamiento a nuestros hijos y les enseñamos desde nuestro ejemplo. Ojalá vivan con la dignidad que da el amor, en sabia libertad. Esa, es mi forma de pensar.

LA DOBLE MORAL DEL MACHO

Trascender el machismo más que una obligación, es una cordial y vital invitación a hombres y mujeres (cordial de cardio = de corazón).

No alcanzamos a descubrir, como desde nuestro diario existir seguimos cultivando y manteniendo una posición, donde el hombre por ser portador de su condición de macho, cree que puede sobreponerse y maltratar a la mujer como una cosa o como una prenda más, para ser comprada y usada, sin tener en consideración su libertad y su dignidad.

Doble moral nos acompaña. Por un lado queremos que nuestras hijas no sean usadas ni cosificadas; por otro lado, nos dejamos llevar por una corriente comercial donde sigilosamente, en secreto o abiertamente y sin vergüenza sobrevaloramos nuestro supuesto poder sobre la mujer.

Muchas veces le he preguntado a mis pacientes, si les gustaría que a sus hijas hermanas o madres, las trataran, como ellos tratan a sus compañeras. Su respuesta más frecuente es agachar la cabeza y afirmar que no se habían dado cuenta de la equivocación, en el mal direccionamiento de su relación, con lo femenino.

Mujeres más que sumisas, sometidas, dan ejemplo errado a hijos e hijas, subyugándose no a un hombre, sino a su propia incapacidad de asumirse como seres humanos, libres e independientes.

INTENSIFICANDO LAS INTENCIONES

Mi intención más profunda es ser yo mismo, en resonancia con mi esencia. Descubrir en el discurrir de mi vida, las potencialidades que me habitan.

Ser fiel a mis principios de honestidad y fidelidad, para conmigo y las demás personas.

Reconocer en la Vida y la libertad, que tal vez algo de mi vida alcanzo y puedo controlar, pero, del comportamiento de los demás, solo puedo ser testigo.

ALERTA MÁXIMA

Ojo con la gratitud, cuidado con la gratitud del ego. Esa es solo por agradar y por quedar bien con los demás. Cuidado con la gratitud por compromiso, por obligación o por presión.

Esa, fue creada por su amiga inseparable, la culpa, que nada tiene que ver con el amor. Cuidado con la gratitud sembrada por tu esposo, o esposa; por tu padre o tu madre; o por un amigo o una religión.

Pueden haber nacido en la manipulación y no por una sabia inspiración. Ojo con las bondades de quienes lo hacen por inversión, esperando ser retribuidas por compensación.

Expresar la gratitud del alma como consecuencia de lo que siente el corazón, es el gran poder de la libertad y fundamento de la dignidad en el amor. Cuando amas, aceptas los caminos del que se separa, desde el des-ap-ego, que no es abandono, ni mucho menos traición. Lo hicieron Jesucristo, Gandhi y el Buda, cuando se alejaron sin sentir culpa, de dogmas e ideologías creadas por culturización.

MATERIALIDAD DIGNA

En el espiral ascendente de la consciencia humana, la materialidad, a mi manera de ver, no es una enemiga, de la cual nos tenemos que deshacer.

Reconocer en ella el papel de bondad que en la prosperidad podemos propagar y encontrar, nos puede hacer más humanos, en igualdad de condiciones.

Es así como el dinero no es el diablo, ni con la encarnación de la maldad, podemos hacer milagros.

Gracias a la prosperidad, que nos brinda comodidad, trascendencia y calidad de vida, para nosotros y los demás.

QUÉ PEREZA LA POBREZA

La vergüenza de ganar dinero en el camino de la espiritualidad, es solo comparable, a la vergüenza de no ganarlo, en el camino de la materialidad.

Creemos que ser humilde es sinónimo de pobreza, y riqueza sinónimo de maldad. Nos lo enseñaron en la escuela, la iglesia y muchos otros lugares más. Qué difícil salirse de esas creencias. Qué difícil que confluyan prosperidad y espiritualidad, sin generar ampollas en la piel y en el alma.

En la crea-actividad entre la incompatibilidad de la abundancia del universo, y la abundancia del ser humano; podemos encontrar trascendencia para la hambruna de la humanidad.

Por favor, que no mueran más los niños en África y la Guajira por falta de alimento y en Norte América por obesidad.

Es tiempo de balancear nuestro encuentro, en el centro; bien vestidos y contentos. Sin vergüenzas afuera, ni adentro.

Por ambos extremos podemos expandirnos, en una sagrada materialidad. Arrasemos con la pobreza, ella empieza en lo mental.

Prosperemos en los encuentros y en el amar con sinceridad. Sintiendo en un beso, en una caricia y en la palabra, abundancia de honestidad.

NI MIEDOSA-NI MACHISTA

El hombre y la mujer machista, le tienen miedo a la mujer sin miedo, porque no la pueden dominar.

No quiero centrarme hoy en ti, hombre o mujer machista, sino en ti mujer con miedo, que no te has podido liberar.

Centra tus fuerzas en ese poder tan tuyo, que es la creatividad. Así no dependerás de otro, ni en lo económico, lo sexual o lo emocional.

Despierta tu león dormido, ese que es libre para elegir por donde quieres caminar. Que nadie si no es con nobles intenciones, a ti se pueda aproximar.

Y si mañana cambia ese otro, que con bondad, a ti se supo arrimar, no detengas tu marcha, la vida es avanzar y avanzar.

Tu libertad es solo tuya y a nadie le tienes que pedir permiso para ser tu misma, sin tener de nadie que esperar, no te vendas a un fantoche, ni te entregues en gratuidad.

No juegues con tu vida poniendo en peligro tu dignidad, mejor juega con tu cuerpo, en sabia creatividad.

Arriésgate a vivir la vida, verás que encuentras un verdadero cielo, más allá de premisas dogmáticas y moralistas, que te han sabido limitar.

¡QUE VIVA EL REY!

Los iguales se atraen en cambio los desiguales también.

Atracción y liberación es pulsación de sanación. Todo se expande todo se con-trae y de todo hay que aprender.

No todo es relativo y todo es relativo también. El todo y la nada en un mismo concepto pueden caber.

Hay que besar muchos sapos para encontrar al príncipe, me decía una sabia mujer. El problema es cuando el sapo besa rico y su linaje de príncipe, nunca pudo emerger.

En su imaginación queda atada, a la sombra de ese rey, muriendo y enterrando su propio reinado, ahí muy cerca de él.

El reinado del dominio sobre sí mismo, desde la luz interna que todo lo puede ver y trascender.

CUESTIONAMIENTO INEVITABLE

Son múltiples las inteligencias, porque son múltiples las áreas de desenvolvimiento humano.

Tal vez mi inteligencia social, financiera, corporal o material sea diferente a la de otras personas; ni mejor ni peor, simplemente, diferente.

Tal vez quiera potencializar algunas de mis inteligencias, tal vez a otras, de una nueva forma las empiece a mirar. Cualquiera sea la situación, de una cosa si estoy claro, y es que así como múltiples inteligencias, también múltiples autoestimas, en mí pueden habitar y siempre llega el momento, de empezar a preguntar:

¿Cómo y a quién mi vida dejo entrar?

¿Qué a mi cuerpo y mi existencia dejo ingresar?

¿Cómo trato algunas áreas de mi vida?

¿Qué es lo más importante en mi vida?

¿Cómo trato mi sexualidad?

¿Cómo me conecto con mi emocionalidad?

EL VALOR DE SER HOMBRE

Hombres de valor, no son aquellos que aferrados a una bandera, pisotean a los otros por ser de otra raza, color o nación.

Mucho menos aquellos que en creencia de posesión, ven a la mujer como objeto y mercancía de comercialización.

Tampoco es hombre de valor, aquel adormecido en absurda esclavización, no despierta en pacífica rebelión, soltando el peso de la cultura de la competición.

Hombre de valor es aquel que reconociendo su vulnerabilidad en el amor, abre su pecho siendo honesto, sin engaño ni traición.

Hombre de valor es aquel que reconoce en la dignidad de la vida, el poder del cuerpo, para engendrar vida, con consciencia equidad y pundonor.

Sin pensar que existe un género de sexo, mejor o peor.

TAMBIÉN SE VALE SER TROVADOR

Ser sumiso no es ser sometido, ni ser paciente es ser pendejo.

Reflexionar sobre lo exigido, siendo consecuente con lo convenido, te lleva con humildad, a no violentar, ni dejar injustamente ser agredido.

Ser paciente es el que la paz-siente y en paz discente, sin mostrar el diente.

Puede tomar distancia al reconocer que es valiente, por ser consciente.

La dignidad le invita a descubrir, lo que es merecedor, con respeto y pundonor.

UN VARÓN QUE SE RESPETA

Varón que has comprendido que tu virilidad habita más allá de tus genitales, sin negarlo.

Varón que has entregado tu cuerpo, con consciencia de que la hombría también habita en tu corazón.

Varón que has des-cubierto lo que ocultabas por miedo o pudor.

Varón que hoy por tus mejillas dejas resbalar lágrimas, y no sólo sudor.

Varón agradezco que hoy comprendas, que con una nueva actitud, podemos vivir en un mundo mejor.

COHERENCIA A PRIMERA VISTA

Lo primero que distingue a un ser humano en su integridad, es la coherencia, es decir, la congruencia entre lo que piensa, siente, dice y hace.

Son entonces sus palabras, un acontecer poderoso. Una arista donde confluyen ideas y sentimientos.

Ángulo perfecto revelador de sus hechos pasados; presentes, en clara y honesta proyección hacia el futuro, como intención de su alma.

LAS CARAS MÁS-CARAS

Las mil caras del miedo nos confunden con facilidad. Máscaras que le hemos puesto al miedo para disimular su adversidad.

A veces lo llamamos ira, otras tristeza o ansiedad. También lo llamamos "no tengo tiempo" o es mi imposibilidad. Están verdes las uvas, o mañana tendré otra oportunidad.

No aprovechamos ese hoy, de este presente, que es la única verdad, aparente-mente.

SABIDURÍA COTIDIANA

Hay muchos seres de consciencia que fluyen entre nosotros sin mucha radio ni televisión.

Seres de consciencia en la cresta de la evolución. Seres que se mueven con tanta discreción, dejando huella en lo más profundo del corazón.

Pueden ser doctores de Harvard o indigentes sin mucha "educación", ayer me encontré con uno y en una breve ejemplificación, me enseñó lo que no he encontrado en libros, de ningún letrado autor.

Al recoger algunas migajas de vida y saborearlas sin indignación, todo puede ser de trascendencia, sin ninguna explicación.

ACTITUD POSITIVA

Cuando te llenas más de excusas, que de acciones proactivas, para alcanzar tus metas y aceptas que es mejor ser víctima de las circunstancias, que ser responsable de tus actos, entonces, cediste tu poder personal.

Si a pesar de las adversidades, asumes el reto de seguir avanzando en el logro de tus sueños y disfrutas del camino por ti trazado, para llegar a tu destino. Verás en cada pequeño objetivo alcanzado, un umbral de triunfo digno de ser celebrado.

GRITO DE LIBERTAD

Si quieres ir más rápido tal vez te convenga ir solo. Si quieres llegar más lejos en tu propio interior, déjate acompañar.

Si quieres despertar en consciencia, déjate mirar fijamente a los ojos y desnuda tu alma cada mañana.

Cuando tus párpados al elevarse, levanten el telón de los misterios que escondías en tu mirada, y te muestres a quien contigo, decidió fundirse en algo más que un beso. Te re-conocerás en tu vulnerabilidad, que en el fondo es tu propia fortaleza.

Si quieres trascender tus miedos, arriésgate a dejarte conocer en la intimidad de un encuentro sincero, que no tenga límites en tus labios, ni en tu lengua.

Si verdaderamente te quieres reivindicar contigo mismo, deja de creer que el compromiso, atenta contra tu felicidad. Porque puedes terminar siendo esclavo, de tu grito de libertad.

EL DES-ORDEN

El destino es sarcástico, el destino es paradójico. Puedes hacer planes, puedes construir un sueño lógico o ilógico.

Puedes ser desordenado u ordenado, puedes ser metódico. Pero la vida en sus propios vericuetos, cambia de rumbo y te pone en aprietos.

Pudo haber sido convocado, pudo ser de sorpresa, o más o menos anunciado. Te acontece lo que te estremece, tal vez lo que te mereces.

Aprendes a aceptar que del destino, nadie se puede escapar ni escampar. Es una lluvia incierta que nos invita a tener una mente abierta y un paraguas cerca.

Sin embargo, podemos tener cierta injerencia desde la consciencia.

Hasta los que creen que el destino no se puede cambiar, miran a ambos lados de la calle antes de cruzarla.

¿TÚ QUÉ TOMAS?

Tomar consciencia y tomar decisiones, trae a tu vida múltiples bendiciones.

No te reprimes por el que dirán, avanzas en clara expansión juntando razón con corazón. Ya no eres más víctima de nadie, ni de ninguna situación.

Ni héroe ni villano, eres honesto, de plano. Contigo mismo principalmente un buen ser humano.

Te conviertes en el mejor ejemplo, por los obstáculos que vas superando.

Puedes ir por el mundo riendo o llorando, que con tu propia historia te estás sanando.

NO ES LO MISMO

No es lo mismo ser complejo que ser acomplejado. No es lo mismo ser cagón que estar cagado.

Es más complejo un avión que una bicicleta, eso a mí la vida me lo ha enseñado.

Con la cantaleta de mi vecina, esa señora doña Enriqueta, no es lo mismo estar jodido que estar jodiendo.

No es lo mismo estar de felicidad llorando, que estar por miedo riendo.

No es lo mismo en el amor, estar viviendo, que en la vida, el amor estar pidiendo y aunque a veces está lloviendo, el sol radiante está saliendo.

TODO Y NADA

No es el amor, y mucho menos el amor propio, el que nos lleva al egoísmo.

El amor es donar, como lo hizo Cristo, Mahatma Gandhi, o como lo hace una madre que se entrega en su vocación de servicio.

Es el querer, el que es posesivo. Nos lleva a conquistar, dominar y re-tener, matando toda libertad, al controlar lo "poseído".

Ser dueño de nada y de todo por contrasentido, nos lleva a vivir en un paraíso.

Como diría Gonzalo Arango: "Todo es mío, en la medida que nada me pertenece".

FRENTE A FRENTE

Confrontarse con el miedo y des-cubrir la verdad que en él habita, nos lleva a reconocer la prudencia que le acompaña como fuente de protección existencial, o lo irracional de su presencia.

La mayoría de las veces, he des-cubierto que el fondo estos miedos, está construido con mentiras tendenciosas, instauradas para manipular intereses personales y/o colectivos.

En época de disfraces, también he des-cubierto que la culpa inexistente señalada, ha sido uno de los mejores anti-faces del miedo.

DIVINA FEMINIDAD

Feminidad no es debilidad ni dependencia. Eso podría llamarse infantilismo.

Feminidad es la sinuosidad y la fluidez de las emociones con consciencia y sabiduría.

Feminidad puede habitar en hombres y mujeres, sin por ello renunciar a la integridad de la masculinidad; que no es violencia o insensibilidad.

La integridad del masculino y el femenino, es ser en la naturalidad androgénico, sin pretender por ser varón o mujer; menos o más que los demás.

INVERSIONES DE VALOR

El tiempo invertido para mi crecimiento y evolución, no ha sido tiempo perdido.

Hoy re-direcciono mi camino, buscando un mejor horizonte, un piso y un cielo.

No fue tiempo perdido, hoy lo comprendo más en mi interior.

Sé cuál es mi destino, dejándome guiar por la esencia de mi corazón.

ERES LUZ EN EL CAMINO

Si alumbras lo que está en tu interior,

entonces, el camino se despeja ante tus ojos.

No eres más víctima de otros, ni de tu ceguera.

Ve y asume con poder, el camino que te espera...

EL AUTOR

Biografía

Ramiro Serna nació en Medellín, Colombia. Actualmente vive en Florida, Estados Unidos.

Se graduó de Psicólogo en la Universidad San Buenaventura, Colombia. Realizando estudios adicionales en psicología junguiana, Gestalt, hipnoterapia, sexología y fenomenología existencial, entre otros. En el ejercicio profesional en su país se destaca como terapeuta transpersonal, conferencista, hipnoterapeuta, tallerista y profesor de educación superior. Además, ha participado como presentador en programas de televisión y radio en temas concernientes con la salud mental.

En Estados Unidos, Ramiro ha continuado con su crecimiento profesional certificándose como Master Life Coach ofreciendo consejería personal, de pareja y familiar, además de actuar como certificador internacional de Coaching.

Constantemente realiza conferencias y *workshops* de crecimiento personal en Estados Unidos, Brasil y América Latina. En los últimos años con su pareja, la también psicóloga Rejane Dos Santos, realizan retiros y *workshops* de autoconocimiento a nivel individual y de parejas y presentan el programa de radio Des-nu-dándonos Con Amor a través de www.positivoextremoradio.com

Contacto:

Cell: 1-401-359-0049 USA

FB: Ramiro Serna

email: ramirosernallc@gmail.com

Made in the USA
Columbia, SC
17 January 2020